RÈGLEMENT

SUR LE SERVICE

DES ÉCOLES RÉGIMENTAIRES

DES CORPS DE TROUPE

de l'Artillerie et du Train des équipages militaires

4ᵉ ÉDITION

annotée et mise à jour jusqu'au 1ᵉʳ mai 1906.

PARIS

HENRI CHARLES-LAVAUZELLE

Éditeur militaire

10, Rue Danton, Boulevard Saint-Germain, 118

(MÊME MAISON A LIMOGES)

RÈGLEMENT

SUR LE SERVICE

DES ÉCOLES RÉGIMENTAIRES

DES CORPS DE TROUPE

de l'Artillerie et du Train des équipages militaires

4ᵉ ÉDITION

annotée et mise à jour jusqu'au 1ᵉʳ mai 1906.

PARIS

Henri CHARLES-LAVAUZELLE

Éditeur militaire

10, Rue Danton, Boulevard Saint-Germain, 118

(MÊME MAISON A LIMOGES)

RÈGLEMENT

DES ÉCOLES RÉGIMENTAIRES

DES CORPS DE TROUPE

de l'Artillerie et du Train des équipages militaires

Paris, le 1ᵉʳ septembre 1888.

TITRE Iᵉʳ.

ORGANISATION.

────

DISPOSITIONS PRÉLIMINAIRES.

Art. 1ᵉʳ. Dans chaque bataillon d'artillerie à pied, régiment d'artillerie, escadron du train des équipages militaires ou compagnie formant corps, il est organisé un cours secondaire destiné aux sous-officiers ayant un commencement d'instruction (1).

Ce cours est suivi :

1° Par les sous-officiers candidats à l'Ecole de Versailles (division

────

(1) L'enseignement primaire a été supprimé dans les corps de troupe de l'artillerie et du train des équipages militaires.

Néanmoins, comme il y a un sérieux intérêt à ce qu'on procure aux illettrés les moyens d'acquérir l'instruction qui leur fait défaut, les chefs de corps devront leur en faire donner les premières notions, soit en utilisant les ressources dont ils disposent en dispensés de l'article 23. susceptibles d'être employés à cette instruction, soit, de préférence, quand ce sera possible, en faisant admettre les hommes susvisés à suivre des cours à une école municipale, le soir en dehors du service.

de l'artillerie) qu'il prépare à suivre le cours supérieur professé à l'Ecole d'artillerie de la brigade ;

2º Par les sous-officiers candidats à l'Ecole de Versailles (division du train des équipages) ;

3º Par les sous-officiers candidats aux grades d'officier d'administration ou de gardien de batterie (1).

Dans les garnisons non pourvues d'école d'artillerie, il est organisé dans les corps de troupe un cours supérieur qui prépare directement les candidats aux examens d'entrée à l'Ecole de Versailles. Quand, dans ces garnisons, existent plusieurs corps de troupe d'artillerie, il peut n'être fait qu'un cours secondaire et un cours supérieur pour tous les sous-officiers de la garnison. Le général commandant l'artillerie désigne le corps ou les corps où se font les cours.

COMPOSITION DU PERSONNEL.

Art. 2. Les fonctions de directeur des écoles régimentaires sont remplies par un capitaine, sous la haute surveillance du lieutenant-colonel ou de l'officier supérieur qui en fait fonctions.

L'enseignement est donné par des officiers (de préférence des lieutenants).

Tout le personnel du service des écoles régimentaires est désigné par le chef de corps.

TITRE II.

ENSEIGNEMENT.

COURS SECONDAIRE (2).

Art. 3. L'enseignement du cours secondaire comprend :

---

(1) Ces deux catégories de sous-officiers reçoivent en outre des leçons de télégraphie dans un établissement voisin (école d'artillerie, direction, etc.).

(2) Il a été signalé qu'un grand nombre de sous-officiers qui se présentent à l'Ecole militaire de l'artillerie et du génie sont hors d'état d'exécuter convenablement au tableau les croquis élémentaires qui peuvent être demandés au cours des divers examens qu'ils ont à subir. L'attention des officiers professeurs des cours régimentaires ou supérieurs devra être attirée sur ce point (circulaire du 2 septembre 1903, classée à l'Ecole militaire de l'artillerie et du génie).

Langue française.........	20	leçons
Arithmétique.............	20	—
Algèbre.................	15	—
Géométrie..............	15	—
Géographie.............	15	—
Topographie............	10	—
Dessin.................	15	—

} 110 leçons.

Pour les candidats à l'École de Versailles (division du train des équipages) et pour les candidats aux grades d'officier d'administration ou de gardien de batterie, les 15 leçons d'algèbre du cours secondaire sont remplacées par autant de leçons d'histoire.

Art. 4. Le cours secondaire est conforme au programme annexé au présent règlement.

Art. 5. Dans les corps où il est institué par exception un cours supérieur, on suit le programme du cours supérieur professé dans les écoles d'artillerie.

Art. 6. Il est fait chaque semaine au moins trois classes à chacun des cours secondaires (et supérieur lorsqu'il y a lieu).

Art. 7. La durée des classes est de une heure et demie au moins. La première partie est employée aux interrogations et aux explications demandées sur la précédente leçon; la deuxième, au développement de la leçon du jour.

Art. 8. Les sous-officiers peuvent être admis par le chef de corps, sur leur demande, à assister aux leçons faites sur une ou plusieurs des matières énumérées aux articles 3 et 5 sans être astreints à suivre tous les cours.

Art. 9. Tout sous-officier admis à un cours ne peut, sans l'autorisation du chef de corps, le quitter avant qu'il soit terminé.

Art. 10. Tous les cours sont recommencés chaque année.

TITRE III.

RÉGIME DES ÉCOLES.

Art. 11. Le colonel détermine, d'après les exigences de l'instruction et du service dans les batteries ou compagnies, les heures des cours, et les réserve sur le tableau du service journalier.

Il exige que les élèves inscrits aux différents cours n'en soient distraits sous aucun prétexte.

Il répartit chaque année les fonds disponibles de la masse des écoles entre les services qui s'alimentent à cette masse, savoir : écoles régimentaires, gymnase, école des trompettes, achat et entretien du matériel de manège et de voltige (1), entretien des carrières sablées, escrime, etc.

Dans les corps de troupe de l'artillerie et du train des équipages, les exercices de tir, y compris le tir des armes portatives, sont à la charge du budget de l'artillerie, en raison de la spécialité de ces exercices (2).

La portion de la masse des écoles attribuée par année à chaque batterie détachée est fixée par l'instruction du 29 mai 1903 pour l'application du décret portant règlement sur la masse des écoles dans les corps de troupe, déduction faite des primes allouées à titre transitoire jusqu'au jour de leur radiation des contrôles au personnel enseignant de l'escrime et de la gymnastique.

Lorsqu'une batterie détachée n'a pas épuisé à la fin d'une année le crédit qui lui est ouvert, le reliquat est ajouté à son crédit pour l'année suivante.

Dans certains cas exceptionnels laissés à l'appréciation des chefs de corps et pour répondre à des besoins particuliers, les batteries détachées peuvent recevoir une allocation supplémen-

---

(1) Voir à ce sujet la note du 28 décembre 1896 relative aux conditions d'achat et d'entretien du matériel de manège et de voltige nécessaire pour l'instruction équestre des corps de troupe de l'artillerie et du train des équipages militaires.

(2) Dans les corps de troupe de l'artillerie et du train des équipages militaires, le tir à la cible est exécuté au moyen du matériel mis à leur disposition par l'école d'artillerie et, dans les places où il n'existe pas d'école, par la direction d'artillerie ou le dépôt de matériel d'artillerie.

A défaut de matériel appartenant à l'artillerie, les corps de troupe, et notamment les batteries détachées, pourront emprunter le matériel de tir à la cible des régiments ou bataillons d'infanterie stationnés dans la même garnison.

Dans ce cas, la part proportionnelle de la dépense d'entretien sera payée directement aux corps d'infanterie par les parties prenantes intéressées, au moyen des fonds généraux dont elles disposent.

Elles seront elles-mêmes remboursées par les soins de l'Ecole ou de la direction. Ces établissements classeront la dépense à la 1re section du budget, sous la rubrique : « Instruction théorique et pratique.».

taire prélevée sur les économies de la masse des écoles du corps, lorsque la situation de cette dernière le permet.

Art. 12. La direction des écoles appartient au capitaine directeur, sous la haute surveillance du lieutenant-colonel.

Ces officiers veillent à ce que les professeurs se renferment strictement dans les limites de leur programme et évitent d'entrer dans les détails qui chargeraient inutilement la mémoire des élèves.

Le lieutenant-colonel rend compte au chef de corps de la marche de l'instruction et lui adresse, à la fin de chaque trimestre, un classement par ordre de mérite des élèves qui suivent les cours, établi au moyen des notes qu'ils ont obtenues pendant le trimestre. Les numéros de classement sont inscrits sur le cahier d'enregistrement mentionné article 28.

Le capitaine directeur tient un enregistrement du matériel et établit les pièces de dépenses pour achats de livres, papier, plumes, encre, instruments, tableaux, et, en général, de tous les objets utiles à l'enseignement.

Art. 13. Les lieutenants adjoints développent les cours dont ils sont chargés, en se conformant aux instructions du directeur des écoles.

Ils veillent à ce que les cours soient assidûment suivis, se font rendre compte des motifs de l'absence et les font connaître au directeur, ainsi que les punitions qu'ils ont infligées.

Art. 14. Dans les régiments, le maréchal des logis du peloton hors rang chargé de la bibliothèque et du matériel des écoles est placé sous la surveillance du capitaine directeur des écoles. Il remplit les fonctions de secrétaire de cet officier pour la tenue des comptes et des écritures. Dans les bataillons d'artillerie à pied, les escadrons du train des équipages ou les compagnies formant corps, ces fonctions sont remplies par un brigadier désigné par le chef de corps ou l'officier commandant.

Art. 15. Les lieutenants professeurs sont dispensés, pendant la durée des cours dont ils sont chargés, de tout autre service que celui de leur batterie.

Art. 16. La gradation des notes données aux élèves à la suite de chaque interrogation est fixée par l'échelle ci-après :

Nul, faible, médiocre..................	0 à 9
Suffisant, assez bien..................	10 à 14
Bien..............................	15 à 17
Très bien..........................	18 à 20

Art. 17. L'année scolaire commence le 1er octobre ; elle prend fin au plus tôt le 15 mai.

TITRE IV.

MATÉRIEL.

Art. 18. Chaque régiment dispose de deux salles au moins.

Le mobilier des écoles comprend :

1° Une estrade, pour l'officier professeur ;

2° Un bureau, avec tiroir fermant à clef, placé sur l'estrade ;

3° Six chaises ;

4° Un nombre suffisant de chaises et de bancs fixés au sol, les bancs à 0^m, 33 des tables ; les tables sont munies d'encriers encastrés ;

5° Une armoire à deux battants fermant à clef et garnie de rayons.

Les murs sont garnis de portemanteaux en nombre suffisant.

Le matériel fixe d'enseignement comporte :

1° Un globe terrestre ;

2° Quatre cartes géographiques collées sur toile et accrochées aux murs, savoir :

Europe écrite,
Europe muette,
France écrite,
France muette ;

3° Un tableau chronologique des rois de France ;

4° Un relief représentant les diverses formes du terrain, avec tracé de courbes équidistantes ;

5° Une règle, une équerre à tableau noir, un compas à craie et un rapporteur.

Le matériel mobile comprend :

1° Les livres nécessaires à l'enseignement;

2° Par régiment d'artillerie :

    12 règles plates,
    12 équerres,
    12 doubles-décimètres,
    12 rapporteurs,
    12 compas à crayons,
    12 petites boussoles déclinatoires.

Par bataillon d'artillerie à pied, par escadron du train et par compagnie d'ouvriers ou d'artificiers, la moitié de cette dotation.

Art. 19. Dans les garnisons non pourvues d'école d'artillerie, et où il existe des cours communs à plusieurs corps, le matériel d'étude nécessaire aux élèves qui suivent ces cours leur est fourni par le corps auquel ils appartiennent.

Quant au matériel d'un service commun à tous les élèves, il est fourni et entretenu au moyen d'un prélèvement fait sur la masse des écoles des corps, au prorata du nombre de leurs élèves, sur la demande de l'officier professeur, transmise par son chef de corps et approuvée par le général de brigade.

Le règlement des comptes qui en résulte se fait conformément à l'article 25.

Art. 20. L'inventaire du matériel est tenu par le capitaine directeur sur le cahier d'enregistrement mentionné article 28.

Art. 21. Quand un corps change de garnison, le matériel fixe d'enseignement est laissé par lui au corps qui le remplace; il est procédé, suivant les formes ordinaires, à la remise de ce matériel.

Art. 22. Les équerres, règles, etc., qui forment le matériel mobile, sont mises entre les mains des élèves par les lieutenants professeurs; ces derniers en demeurent responsables.

Le matériel mobile est emporté par le corps quand il quitte la garnison.

TITRE V.

COMPTABILITÉ.

Art. 23. Il est pourvu aux dépenses des écoles régimentaires au moyen du prélèvement prescrit par le colonel sur la masse des écoles (art. 11).

Art. 24. Ces dépenses comprennent :

1° Le remplacement et l'entretien du matériel d'enseignement fixe et mobile;

2° L'achat du papier, des plumes, des crayons, de l'encre, des livres et autres objets dont l'emploi plus ou moins considérable dépend du nombre des élèves;

3° Les frais d'entretien de la presse autographique;

4° Les frais d'instruction des dispensés susceptibles de devenir officiers de réserve;

5° L'achat de fournitures diverses et de livres pour les salles de lecture, dont l'organisation est prescrite par la circulaire du 1er octobre 1880;

6° Les frais de fourniture et d'entretien du matériel d'un service commun aux élèves de plusieurs corps, prévu à l'article 19.

Art. 25. Le capitaine directeur des écoles passe les marchés nécessaires pour l'achat, l'entretien et le renouvellement du matériel des écoles régimentaires, dans les limites des crédits qui ont été affectés à ce matériel par le colonel.

Ces marchés ne sont pas soumis à l'approbation du sous-intendant militaire chargé de la surveillance administrative du corps.

Les frais de fourniture et d'entretien du matériel d'un service commun, comme il est prévu à l'article 19, sont faits par le corps chargé du cours commun. Ce corps, après les avoir portés en dépense, porte en recette, au compte de la masse des écoles, les sommes qui lui sont remboursées par les autres corps et qui représentent la quote-part qui leur est affectée dans les dépenses communes. Ces derniers mettent à l'appui de leur comptabilité les reçus fournis par le corps chargé des dépenses communes.

Art. 26. Le trésorier acquitte les dépenses afférentes aux écoles régimentaires, sur la présentation des mémoires, factures ou quittances conformes aux modèles prescrits par le décret du 14 janvier 1889 sur l'administration des corps de troupe, et visés pour autorisation de paiement par le capitaine directeur des écoles.

Art. 27. On se conforme, pour les règles d'allocation et pour la production du compte annuel de la masse des écoles, au décret du 29 mai 1903, portant règlement de cette masse, et à l'instruction du même jour, pour l'application de ce décret.

Art. 28. Il est tenu, par le capitaine directeur, un cahier d'enregistrement conforme au modèle n° 1 ci-annexé et contenant les renseignements suivants :

1° Inventaire du matériel en service, distinct pour les objets appartenant au génie et pour ceux qui sont payés par la masse des écoles (chapitres I et I *bis*);

2° Enregistrement des dépenses faites (chapitre II); ce chapitre est totalisé à la fin de chaque trimestre, signé par le capitaine directeur et visé par le major;

3° Liste nominative des élèves du cours secondaire, et, s'il y a lieu, du cours supérieur (chapitre III).

Le chapitre III comporte une série de listes spéciales pour le cours secondaire (1ʳᵉ partie) et, dans les corps où il est fait un cours supérieur, une autre série de listes pour ce cours (2ᵉ partie).

Chaque série comprend autant de listes qu'il y a de matières au programme.

MODÈLES

ÉCOLES
RÉGIMENTAIRES
de
L'ARTILLERIE
et du
TRAIN DES ÉQUIPAGES
MILITAIRES.

MODÈLE N° 1.

Art. 28 du Règlement
du 1er septembre
1888.

Indiquer le {
corps. {

CAHIER D'ENREGISTREMENT

ENTRÉES.   CHAPITRE Ier. — OBJETS MOBI

DATES.	DÉTAIL.	DÉNOMINATION DES OBJETS.											OBSERVATIONS.
	TOTAUX......												
	Report des sorties.												
	Reste au dernier jour du trimestre.												

LIERS DU SERVICE DU GÉNIE   SORTIES.

DATES.	DÉTAIL.	DÉNOMINATION DES OBJETS.							OBSERVATIONS.
	TOTAUX......								

ENTRÉES.   CHAPITRE I *bis.* — MATÉ

DATES.	DÉTAIL.	DÉNOMINATION DES OBJETS.	DÉCOMPTE en ARGENT.
	Prix.......		
	Totaux....		
	Report des sorties...........		
	Reste au dernier jour du trimestre..........		

RIEL ACHETÉ PAR LE CORPS.   SORTIES.

DATES.	DÉTAIL.	DÉNOMINATION DES OBJETS.										DÉCOMPTE en ARGENT.
	Prix											
	Totaux....											

CHAPITRE II. — Dépenses.

DATES	NOMS ET ADRESSES des fournisseurs.	DÉTAIL.	PRIX de L'UNITÉ.	MONTANT.	MONTANT par FACTURE.

CHAPITRE III. — 1ʳᵉ PARTIE.

COURS SECONDAIRE.

Liste des élèves du cours de français.

NUMÉROS		NOMS.	GRADES.	1ᵉʳ JANVIER.		1ᵉʳ AVRIL.		1ᵉʳ JUILLET.		MUTATIONS et OBSERVATIONS.
Batteries.	Matricules.			Note moyenne.	Classement.	Note moyenne.	Classement.	Note moyenne.	Classement.	

Cette liste est répétée pour chacune des matières suivantes : arithmétique, algèbre, géométrie, géographie, topographie, dessin, histoire.

CHAPITRE III. — 2ᵉ Partie.

COURS SUPÉRIEUR.

Liste des élèves du cours de français.

NUMÉROS		NOMS.	GRADES.	1ᵉʳ JANVIER.		1ᵉʳ AVRIL.		1ᵉʳ JUILLET.		MUTATIONS et OBSERVATIONS.
Batteries.	Matricules.			Note moyenne.	Classement.	Note moyenne.	Classement.	Note moyenne.	Classement.	

Cette liste est répétée pour chacune des matières suivantes : algèbre, géométrie, géométrie descriptive, trigonométrie, histoire, dessin.

Programme succinct du cours secondaire dans les corps de troupe de l'artillerie et du train des équipages militaires.

Langue française.

20 LEÇONS.

Revision des règles de la grammaire et applications. — Syntaxe et applications. — Dictées. — Rédaction.

Arithmétique.

20 LEÇONS.

Numération. — Addition. — Soustraction. — Multiplication. — Division des nombres entiers. — Divisibilité des nombres. — Fractions ordinaires et décimales. — Racine carrée. — Système métrique. — Règle de trois.

Algèbre.

15 LEÇONS.

Notions algébriques. — Monômes et polynômes. — Termes semblables; leur réduction.
Opérations algébriques. — Résolution de l'équation du 1er degré à une inconnue; discussion de la formule. — Résolution des équations numériques du 1er degré à plusieurs inconnues.
Résolution d'un système de deux équations du 1er degré à deux inconnues. — Discussion des formules.
Mise en équation des problèmes du 1er degré. — Interprétation des solutions négatives.
Résolution de l'équation du 2e degré à une inconnue. — Double solution. — Valeurs imaginaires. — Relations entre les coefficients et les racines.

Géométrie.

15 LEÇONS.

Définitions. — Angles droits, angles adjacents, angles autour d'un point, angles opposés par le sommet.
Triangles; cas d'égalité des triangles. — Triangle isocèle.

Perpendiculaires et obliques. — Cas d'égalité des triangles rectangles. — Bissectrice.

Lignes parallèles. — Angles à côtés perpendiculaires ou parallèles. — Somme des angles d'un triangle, d'un polygone convexe.

Propriétés du parallélogramme, du losange, du rectangle, du carré.

Circonférence et cercle. — Cordes égales. — Rayon perpendiculaire à une corde. — Tangentes et sécantes.

Mesure de l'angle au centre; de l'angle inscrit; de l'angle dont le sommet est intérieur ou extérieur à la circonférence; de l'angle formé par une tangente et une corde.

Mesure des surfaces planes: rectangle, triangle, parallélogramme, trapèze, polygone quelconque, cercle.

Usage de la règle et du compas, de l'équerre, du rapporteur. — Applications.

Définitions du plan, de l'angle dièdre, de la droite perpendiculaire au plan, des plans perpendiculaires entre eux.

Définition du prisme, de la pyramide, du cylindre, du cône, de la sphère. — Mesure de leur surface et de leur volume (donner les formules, sans démonstration).

Géographie.

15 LEÇONS.

Notions générales sur la terre; sa forme. — Axe, pôles, équateur, parallèles, méridien.

Longitude et latitude. — Cartes géographiques. — Mappemonde.

Grandes divisions du globe. — Continents, — Océans.

Principaux termes usités en géographie.

Europe. — Empire britannique. — Danemark. — Hollande. — Belgique. — Empire russe. — Presqu'île des Balkans. — Empire austro-hongrois. — Empire d'Allemagne. — Suisse et Italie. — Espagne et Portugal.

France physique et politique. — Circonscriptions militaires.

Asie. — Afrique. — Océanie. — Les deux Amériques.

Possessions coloniales de la France.

Topographie.

10 LEÇONS.

Définition et objet de la topographie.

Verticale. — Plan horizontal. — Projection d'un point, d'une ligne, d'un objet sur un plan horizontal.

Cartes géographiques. — Cartes topographiques. — Echelles; leur usage. — Echelles employées le plus habituellement.

Planimétrie, son objet. — Eaux courantes, eaux stagnantes. — Voies de communication. — Lieux habités. — Cultures. — Terrains boisés.

Etude des formes du terrain. — Altitude. — Pente. — Ligne de plus grande pente. — Formes diverses qu'affecte le terrain; mamelon, croupe, vallée, col, ligne de partage des eaux.

Figuré du terrain au moyen de courbes. — Equidistance.

Figuré du terrain au moyen de hachures. — Rochers, escarpements.

Tracé d'un profil. — Profil naturel, profil surhaussé.

Lecture des cartes. — Manière de s'orienter. — Mesure des distances.

Itinéraires. — Reconnaissances.

Dessin.

15 LEÇONS.

Applications du cours de géométrie.

Lever de bâtiment.

Croquis de matériel d'artillerie.

Croquis d'après les cartes (représenter la planimétrie sans figuré de terrain).

Histoire.

15 LEÇONS.

(Candidats à la division du train des équipages militaires. — Candidats officiers d'administration et gardiens de batterie.)

Résumé rapide de l'histoire de France jusqu'à Henri IV.

Henri IV. — Fin des guerres de religion. — Edit de Nantes. — Administration et politique. — Sully. — Etat de l'Europe en 1610.

Louis XIII. — Troubles de la régence. — Concini, de Luynes, Richelieu.

Abaissement des protestants; abaissement des grands; abaissement de la maison d'Autriche. — Guerre de Trente ans. — Paix de Westphalie.

Majorité de Louis XIV. — La Fronde. — Mazarin. — Guerre contre l'Espagne. — Traité des Pyrénées.

Révolution de 1648 en Angleterre. — Cromwell.

Règne de Louis XIV. — Les ministres de Louis XIV. — Colbert. — Louvois. — Vauban.

Guerres de Louis XIV.

Révocation de l'édit de Nantes.

Les lettres, les arts et les sciences au XVIIᵉ siècle.

Louis XV. — Régence du duc d'Orléans.

Guerre de la Succession de Pologne.

Progrès de la Prusse. — Frédéric II. — Guerre de la Succession d'Autriche.

Guerre de Sept-ans. — Traité de Paris.

Louis XVI. — Intérieur. — Turgot, Malesherbes, Necker.

Extérieur. — Guerre de l'indépendance des Etats-Unis.

Etat de l'Europe en 1789.

La Révolution. — Etat de la France avant la Révolution; le gouvernement; la justice, les impôts, l'armée, les trois ordres.

L'Assemblée constituante. — L'Assemblée législative.

La Convention, la Terreur, le 9 Thermidor.

Le Directoire. — Le 18 Brumaire.

Le Consulat.

Guerres de la Révolution, de 1792 à 1800. — Insister sur les campagnes de 1792, 1796, 1800. — Traités de Lunéville et d'Amiens.

L'Empire. — Campagnes de 1805, 1806, 1809, 1812, 1813, 1814, 1815.

Traité de 1815. — Etat de l'Europe en 1815.

Histoire intérieure de la France de 1815 à 1870. — Gouvernements qui se sont succédé en France de 1815 à 1870. — Mouvement industriel, chemins de fer.

Histoire extérieure de la France de 1815 à 1870. — Intervention en Espagne, en Grèce, à Rome. — Guerres d'Afrique. — Campagnes de Crimée et d'Italie. — Expéditions de Chine et du Mexique. — Campagne de 1870

Paris et Limoges. — Imprimerie militaire Henri Charles-Lavauzelle.

Librairie militaire Henri CHARLES-LAVAUZELLE
Paris et Limoges.

Ministère de la guerre. — *Règlement de manœuvre de l'artillerie de campagne*, approuvé par le Ministre de la guerre le 8 juin 1903.
1re PARTIE. — Volume in-12 de 342 pages avec gravures dans le texte, cartonné, 2 francs; relié toile. 2 50
2e PARTIE. — Volume in-12 de 264 pages, nombreuses figures dans le texte, cartonné, 2 francs; relié toile........................... 2 50
Règlement sur le service des canons de 80 et de 90, approuvé par le Ministre de la guerre le 27 mars 1901. —Volume in-12, cartonné 1 50
relié pleine toile gaufrée.............................. 2 »
Instruction sur l'emploi des débouchoirs doubles, des goniomètres et de la lunette de batterie, modèle 1897. — Volume in-12, cartonné. 2 25
Instruction sur la tenue, le paquetage et le transport des effets et des vivres dans les batteries de campagne et les sections de munitions de 75m/m, approuvée par le Ministre de la guerre le 21 août 1901. — Volume in-12 de 58 pages, cartonné.......................... » 75
Règlement sur le service des canons de 95, modèle 1888, montés sur affûts de campagne, approuvé par le Ministre de la guerre le 26 mars 1896. — In-12 de 194 pages, 26 figures, cartonné................ 1 50
Règlement sur le service des canons de 120 court, approuvé par le Ministre de la guerre le 28 mai 1895 et modifié par la feuille rectificative n° 1 du 31 mars 1896. — In-12 de 180 pages, 16 figures, cart... 1 50
Règlement sur le service des bouches à feu de côtes :
1re PARTIE. — Titres I, II, III et IV. — *Service des bouches à feu*, approuvé par le Ministre de la guerre le 28 juillet 1894 et modifié par les feuilles rectificatives des 5 mars 1896 et 13 avril 1897 (2e édition). — In-12 de 176 pages, 19 figures, cartonné, 1 fr. 50; relié pleine toile gaufrée. 1 75
1re PARTIE. — Titre V. — *Manœuvres de force et mouvements de matériel*, approuvé par le Ministre de la guerre le 5 avril 1897. — In-12 de 284 pages, 41 figures, cartonné, 2 fr. 50; relié pleine toile gaufrée. . . .. 3 »
2e PARTIE. — *Description du matériel.* — In-12 de 200 pages, avec figures, cartonné, 2 francs; relié pleine toile gaufrée.............. 2 50
Ministère de la marine. — *Règlement provisoire sur le service des bouches à feu de côte :*
1re PARTIE. — *Service des bouches à feu* (édition 1899). — Volume in-12 de 76 pages, 22 figures, cartonné.......................... 1 25
Décret du 20 octobre 1892, portant règlement sur le *service intérieur des troupes de l'artillerie et du train des équipages militaires.* (Édition mise à jour des textes en vigueur jusqu'en janvier 1904.) — Volume in-12 de 366 pages, cartonné, 2 fr. 50; relié toile.............. 3 »
Décret du 4 octobre 1891 portant règlement sur le *service dans les places de guerre et les villes ouvertes* (18e édition, annotée et mise à jour jusqu'en septembre 1904). — In-32 de 322 pages, cartonné 1 franc; relié pleine toile gaufrée.................... 1 25
Décret du 28 mai 1895 portant règlement sur le service des *armées en campagne* (16e édition, annotée et mise à jour jusqu'au 1er avril 1906.) —Volume in-32 de 186 pages, cartonné, 1 franc; relié pleine toile gaufrée. 1 25
Extraits des décrets sur le service des places, le service intérieur et le service des armées en campagne, à l'usage des troupes de l'artillerie et du train des équipages militaires (6e édition, mise à jour jusqu'en juin 1904). — Volume in-32 de 362 pages, cartonné............ 1 25
Instruction spéciale du 20 février 1902 pour le transport des troupes d'artillerie de campagne et de montagne et du train des équipages par chemin de fer. — Volume in-12 de 162 pages, avec figures et tous les modèles, cartonné, 1 franc; relié toile................ 1 25

E. P.

www.ingramcontent.com/pod-product-compliance
Lightning Source LLC
Chambersburg PA
CBHW060458200326
41520CB00017B/4833